MAR DE VENTO

Humberto Mendes

MAR DE VENTO

Diretor Editorial | Gustavo Abreu
Diretor Administrativo | Júnior Gaudereto
Diretor Financeiro | Cláudio Macedo
Logística | Vinícius Santiago
Comunicação e Marketing | Giulia Staar
Assistente de Marketing | Carol Pires
Assistente Editorial | Matteos Moreno e Sarah Júlia Guerra
Designer Editorial | Gustavo Zeferino e Luís Otávio Ferreira
Capa | Sérgio Ricardo
Revisão | Sarah Guerra
Diagramação | Renata Oliveira

Dados Internacionais de Catalogação na Publicação (CIP) de acordo com ISBD

M538m Mendes, Humberto

Mar de vento / Humberto Mendes. - Belo Horizonte, MG: Letramento; Temporada, 2022.
148 p.; 14cm x 21cm.

ISBN: 978-65-5932-208-4

1. Literatura brasileira. 2. Poesia. 3. Bucaneiros da ribalta. 4. Conto. 5. Crônica. 6. Aforismo. 7. Filosofia. 8. Memória. 9. Ficção. I. Título.

2022-2922
CDD 869.1
CDU 821.134.3(81)-1

Elaborado por Vagner Rodolfo da Silva - CRB-8/9410

Índice para catálogo sistemático:
1. Literatura brasileira : Poesia 869.1
2. Literatura brasileira : Poesia 821.134.3(81)-1

Rua Magnólia, 1086 | Bairro Caiçara
Belo Horizonte, Minas Gerais | CEP 30770-020
Telefone 31 3327-5771

TEMPORADA
é o selo de novos autores do Grupo Editorial Letramento

editoraletramento.com.br • contato@editoraletramento.com.br • editoracasadodireito.com

“Nesta edição, os textos foram prioritariamente reproduzidos em sua versão original, motivo pelo qual há, em alguns deles, a ausência de letras maiúsculas, opção do autor à época da redação.”

APRESENTAÇÃO

Os textos reunidos neste volume são oriundos do blog *bucaneirosdaribalta.blogspot.com*, que esteve ativo de 2008 a 2020. O texto de apresentação, no endereço eletrônico, era o seguinte:

> *Segundo o Michaelis, bucaneiro, do francês* boucanier, *pode ser: caçador de bois selvagens; grande espingarda, usada nessa caça; ou pirata, dos que infestavam as Antilhas. Não temos certezas, apenas criamos dúvidas. Sem tempo, sem data, sem crédito. Só canetas. Bucaneiros da língua.*

O blog levava esse nome em virtude de haver muitos textos bucaneados de outros autores, o que não significa plágio ou pirataria. A concepção de bucanear é artística, uma vez que nos apropriamos artisticamente de uma obra de arte para, com pretensão, criar uma nova. A partir desse movimento, entendemos, de certa forma, que somos o resultado de outros que nos precederam, nos influenciaram, caminham conosco e dizem muito sobre nós e sobre nossas opções pessoais. Assim, ao reescrever, adaptar, refazer ou dialogar com outras obras e autores, explicitamos nossa admiração e nosso respeito por eles, sem deixar de dar-lhes o crédito que lhes é devido.

A ribalta traduz esse grande palco (literalmente a blogosfera) em que essas encenações linguageiras foram apresentadas e ganharam vida. Nesses treze anos de publicação, não necessariamente de trabalho diário, foram publicados textos dos gêneros mais diversos, com parte deles sendo o resultado de uma jornada bastante multifacetada.

Agradeço a todos que conheceram e visitaram o blog, comentando ou apenas lendo, mas sempre interagindo com os textos. Manifesto aqui um agradecimento especial a minha amiga Rita Viana, que se dispôs a, gentilmente, guiar a seleção dos textos aqui compilados. Sem sua ajuda, não haveria este mar, só um vento.

MOINHOS DE VENTO

Com Miguel de Cervantes

Desocupado leitor: podes crer, sem juramento, que eu gostaria que este blog, como filho da inteligência, fosse o mais formoso, o mais galhardo e o mais arguto que se pudesse imaginar. Mas não consegui contrariar a ordem da natureza em que cada coisa gera seu semelhante ["Do limoeiro só nascem limões", não me esquecerei nunca]. Então o que poderia criar meu árido e mal cultivado engenho a não ser a história de um filho seco, murcho, caprichoso e cheio de pensamentos desencontrados que não passaram pela imaginação de nenhum outro, exatamente como alguém que foi concebido numa ribalta, onde toda improvisação tem seu assento e onde toda triste discórdia pode fazer sua moradia numa alegre concórdia? [No fundo, meus pensamentos originais são compilações e ruminações de tantos que me antecederam e que, a gosto ou contragosto, me modelam dia após dia]. O sossego, o lugar agradável, a amenidade dos campos, a placidez dos céus, o murmúrio das fontes e a tranquilidade do espírito são de grande ajuda para que as musas mais estéreis se mostrem fecundas e ofereçam ao mundo partos que o encham de maravilha e alegria [Não verás tantas benesses nestas linhas, mas afirmo-te, caro leitor, que musas há. Não as procure, deixe que elas o encontrem e te mostrem a brisa, o brilho, a boa-nova].

AFORISMO

O aforismo é uma gota de veneno: parca é a dose; incerto, o efeito; desconhecido, o barro de que é constituído o envenenado.

AUTORRETRATO

Não há horas no meu relógio.

Incompletas são minhas histórias.

Meu caminho não contempla ponto-final

Não sou do contra, apenas não estou contido nesta comum unidade.

SENHORA DA NOITE

Alva noite.

Antes que as sombras se mostrem,
há tempo para um jogo de cartas.

[...]

Entre tantas cartas, somente uma figura real: Capitu.

Ademais, dúvidas. Muitas e solitárias dúvidas.

COROLÁRIO

Quando Dona Amélia me deu um terço, eu possuía um meio, era um sexto, nem vislumbrava um quarto. Escorreu-me pelos dedos meu meio, o quarto por quarto se multiplicou, o sexto sestro se fez cestro, apenas o terço se manteve trino, nas contas inumeráveis de meu fracionamento.

ENTRELINHAS

As palavras não respiram sós: no silêncio lácteo do papel, carregam consigo os interstícios da existência.

ETIQUETA

Todo homem tem seu preço. Poucos têm valor.
O preço é medido em moeda; o valor, em horas.
Mais vale a mais-valia ou a dúvida é uma questão de etiqueta?

AUSÊNCIA DE PALAVRAS

O que escrever quando não se tem o que dizer?

[...]

Descansai, palavras, da árdua construção.

Não há pujança, somente a ausência a ruflar asas pelo teto.

CETICISMO

A ferradura é símbolo de sorte para o cavalo que se livrou dela.

ARTESÃO

Com uma pedra, Pedro edificou uma igreja, Davi findou Golias.

De uma pedra, Drummond retirou poesia, Michelangelo colheu Davi.

Com uma palavra, o Nazareno inutilizou inúmeras pedras.

Com uma palavra, os tolos fazem calos, os miseráveis quebram os dentes.

As palavras não são pedras. São de pedra.

RESTA 1

Quem antes vive só do que mal acompanhado não conhece a solidão. No deserto de cada um, miragens e pegadas andam aos pares.

AÇUCENA NO JARDIM

Fole, fogo, fala, fé.
Na bigorna dos tempos,
o coração quente
malha
a palavra fria.

Fole, fogo, fala, fé.
No tique-taque desse martelo,
forja-se um casal,
cose-se uma pergunta,
cozinha-se uma resposta.

Fole, fogo, fala, fé.
E as cebolas?

EM CASA

A sogra se foi.

Foi-se o pai.

Foi-se a mãe.

Foice a família.

Voa, absoluta, a fada madrasta.

DAS FEIAS

Toda feia tem seu momento de beleza: basta sorrir em flor.

PONTOS

O que amedronta não é o obtuso ponto de interrogação, mas a presença aguda do ponto-final.

FILHOS

Os filhos permitem o desenvolvimento da família, a renovação da cópia, impedindo o estabelecimento de uma selva de loucos, a estandardização do sanatório geral.

ZÉFIRO

O corpo líquido
O mundo sólido
A existência gasosa

Do sopro da vida ao cheiro da morte.

SECRETARIAR

Pedro instituiu a função de secretário, sendo mais tarde, não sem motivo, promovido a santo. Recebeu do Chefe uma pedra, uma singela ordem e uma tarefa imensa. O resultado todos conhecem e, não sem motivos, até hoje as secretárias guardam as chaves dos céus.

COVEIRO

O buraco que tu cavas ativamente não é teu, mas leva tua assinatura.

Quando levar teu nome, teu trabalho estará terminado.

BRUXAS

Conheço algumas.

As que voam não passam de grandes mariposas.

Perigosas são aquelas que rastejam.

FINADOS

O finado leciona o que está inacabado, em trânsito.
A saudade demonstra o que é amado, nosso.
Neste silogismo *gauche*, o tempo unirá as premissas.

NO NATAL

A Liberdade se ilumina.

A criançada se anima.

A boa vontade contamina.

É nós compramos (quebrando a rima).

AMARELO

O gato de Alice sorri amarelo.

O gato amarelo de Alice sorri.

Alice de amarelo sorri o gato.

Não importa o amarelo, o gato sempre é o mesmo.

CORTE

A distância corta o espaço, doce como um torrão de açúcar.
O açúcar corta o acre, curto como um ponteiro helvético.
O tempo corta a vida, doce e curto como a morte.

SOBRENOMES

É Clemente porque não se mistura.

É Mendes porque mistura.

É branco porque reflete, é preto porque absorve.

O equilíbrio está no caos.

USO E DESUSO

A sinceridade é tão valiosa quanto os amigos. Use-a para eles. Aos outros, fique à vontade.

URUBU

O revisor de textos é o urubu da linguagem.

LEGADO

A arte de furtar mentiras.

A arte de amar palavras.

A arte de escrever mulheres.

O legado de família é a ciência que os verbos são irmãos.

NOBRE

Há dias em que rimos até chorar.

Há dias intransitivos: choramos.

Há dias em que choramos e rimos sem saber por quê.

Há dias em que choramos e rimos, infelizmente,
sabendo o porquê.

De tantos dias, três anos. De tantos outros, setenta e três.

ALÉM-MUNDO

O que nos assusta nos fantasmas é o fato de eles estarem vivos.

ANÚNCIO

Troco buquê de palavras e cores por perfume de mulher.

A BORBOLETA PRETA

Para a bruxa do porta-retrato

No jardim sem flores, borboleteia a fragrância da memória.
O imortal escaravelho rutila os olhos de fogo.
A libido poliniza sonhos almiscarados.

Por que diabo não era ela azul?

CASSANDRA

Para o sorriso sem rosto

Alguns sonhos trazem o porvir.
Brumosas imagens
Ilhas brancas
Algumas palavras trazem a esfinge.
Anônimos relatos
Recortes azuis
Nada mudará o futuro: apenas o tempo.

VIRTUDE

Para Donathien Augustin-Françoise

Corre, caneta,
rasga o virginal papel
inunda o negro palimpsesto
de alvas garatujas

não há pontuação que pare teu correr

sedentos corpos
palavras autônomas
atrozes desejos
a escrita é uma guerra

ABELHA RAINHA

Para Maria Bethânia

Pela rua, pela serra, pela hora
Pela estrada toda à fora
Anima de vida o seio da floresta
Amor imanta o aguilhão
Zumbe na orelha, concha de almíscar
Ó abelha, boca de mel
Carmim, carnuda, desnuda

INVENTÁRIO

Para Manuel Bandeira

dores
fraquezas
amores
certezas

riso
choro
minha família
meu pote de ouro

minhas falhas
meus desenganos
minhas gralhas

além, migalhas minhas não mais

quando a Indesejada chegar
iniludível e imponderável
a anamnese será fátua
caroável, o porvir

APÓLOGO

Para Joaquim Maria

Em um sarau, fizeram a leitura de "O apólogo", de Machado de Assis. Ao fim, um revisor de textos levantou-se e disse, melancólico, balançando a cabeça:

— Também eu tenho servido de agulha a muita linha ordinária!

BACK TO BLACK

Para Amy Winehouse

Em trôpegas palavras
o voo de uma voz
uma vida sem limites
que se descobre limitada.

COMENTÁRIOS

Para Maria Cristina Brandão

Não há palavras que não cortem.
Aquelas que não cortam também não semeiam
e, se não o fazem, por que se grafam?

O BRASILEIRO

Para Nelson Rodrigues

No Brasil, o dia do trabalho ser feriado e cair em um domingo é um drama existencial.

O FANTASMA DO NATAL

Para Charles Dickens

— Desperto almas tolas Natal após Natal. Sou o Sísifo dos avaros. Se duzentos são rolados para cima, tantos mais me esperam ao pé da montanha.

— E os outros dois?

— Não há mais ninguém. O tempo é um só.

PRÓDIGA

Para Regiane Mendes

Melhor que a parábola é o prodígio: “porque esta tua irmã era morta e reviveu, estava perdida e se achou.”

DITOSOS

Para João Ubaldo Ribeiro

Nos tempos de Mané,
domingo era dia de João.
Agora,
sem Mané
sem João
os domingos não serão ditosos.

só os budas, quiçá os anjos.

POSSE

Para Luiz Clemente

Meu, meu mesmo, só minhas ilusões.

O BANDO DO BURACO NA PIZZA

Para LeL e Mel

Na vida, correr, comer e brincar.

O resto é borda.

EPIFANIA

"Aquele de quem se fala e não se vê está junto de nós.

Nosso bando está completo de novo.

O Enojado voltou!

Mãos às armas! Adeus às ilusões!

É hora da noite pelejar."

Da nascente vez em que zuni essas palavras, nada me diziam os marimbondos.

Um mundo novo, porém, se desenhou quando descobri quem era o Enojado.

A VERDADE AMIGA

em um mundo sem arco-íris
o cinza não é uma opção.
por que medo de um futuro sombrio
cinza como uma tarde de tempestade
se, ao fim, seremos cinzas?

BOLA DE MEIA

Se foi, numa tarde fria, um domingo no CEU.

Desde então, sem inferno que me acolha,

meus pés descalços driblam o purgatório.

O sonho morreu. O menino não.

PACIÊNCIA

Quando aprendemos a contar de 1 a 10
Na fase diminutiva da vida
Os numéricos dizem que é matemática
Os coléricos, que são dedos

A vida adulta ensinará o que é paciência.

CORTE E COSTURA

a trama contém sem número de pontos
a costureira sabe ou apenas a costura?

agulha e linha não somam: sem ou cem não importa
sutura é recriação ou apenas rasura?

SIBILA

Numa bruxa sapateia uma vassoura
Não há piaçaba, apenas cabelos
De todas as cores, de todas as idades

Voa a bruxa nas noites frias de luar
E varre sonhos de garotos maus

Os bons não sabem de vassouras
Os maus não compreendem as bruxas
Feitiços não gostam de bons nem de maus

O fetiche do feitiço sibila se bela é a bruxa.

DISTÂNCIA

uma mulher linda à distância
um passo pela curiosidade
um passo pelo instinto
um passo pela sedução

olhos vazios
boca seca
língua fútil

passo pela ilusão
passo pela decepção
passo pelo erro

se tivesse acreditado na crase

HORIZONTE

triste é a vida de elevador
não conhece as delícias da horizontalidade

O DISFARCE

assobia o doce perfume da Gérbera
corteja o beija-flor a rosa dos ventos
nada aqui. nada ali. Nada...
apenas um repolho roxo
paquidermicamente
em deslocamento

Meu Deus! Um repolho em disfarce
uma falsa flor sem face

Ah tolo repolho, teu cheiro jamais será floral
ainda que saias fagueiro do banho
tua história é contada em quentes vapores
rudes rumores
humanos humores

O QUE QUEREM AS MULHERES?

Muito.

BREVIDADE

para uma vida que se diz curta

para um fardo que se diz pesado

o sonho

O FOGO DA GATA

mia no muro a bichana
canta no escuro
as delícias da faina

os pelos eriça
o corpo contorce
as unhas atiça

nas costas
dedilha uma canção
lascívia e sofreguidão

a noite que não finda
a chama que não queima
o verso que ronrona... ainda

PERDÃO

não é fácil descobrir
o quão pequeno pode ser
quatrocentos e noventa

se não se pode dividir
não se pode multiplicar

SILÊNCIO E DÚVIDA

O silêncio não bate à porta.

— Quem é? — grita alguém.

Não se anuncia ao chegar.

— Quem é? — insiste alguém.

Instala-se, lívido.

— Quem está aí?

Às vezes, não há silêncio. Só dúvida.

ACORDO ORTOGRÁFICO

diarreia perdeu o acento

se perdesse o assento...

SÊMI

quando encontro
semizero
semivirgem
semiburaco
semijoia

surge em mim
um semissentimento
um semientendimento

1º DE ABRIL

a mentira não tem dia
sabendo vesti-la, nem não há

DUELO

a palavra atravessou o peito
feriu ambos os lados

um sangrou de imediato
o outro sangra até hoje

NECESSIDADE

Tantos precisam porque poucos entendem:
Liberdade é não-necessidade.

DE MORTIUS NIL NISI BONUM

as finadas virtudes sobem aos céus
os mundanos adjetivos se desmancham no ar
à terra cabe dilacerar a lembrança

ARTIFICIAIS

Por que perder tempo escolhendo o suco pelo sabor se o que o identifica é a cor?

Só o gosto de terra é natural para quem veio do pó.

O SACI

para quem tem uma só perna
e corre pelo frio uivo da mata,
é crendice acreditar que mais será melhor

DOR

O finado que mais nos dói chorar é aquele que ainda está vivo.

GPS

O gps é nocivo porque subtrai o direito inalienável do homem de se perder.

AMIZADE

à amizade disse não

à terceira margem chorou

a uma verdade ofereceu raiva e ranger de dentes

por fim, ouviu o silêncio

PARÁBOLA

o semeador espalha as sementes
sem saber se nascerão
se crescerão
se frutificarão

não importa. se nenhuma semente germinar,
o semeador já terá mudado o solo.

CLARO SONHO

a noite escura não protege o claro sonho.

não é possível fugir de si mesmo, mesmo que se seja outro.

ABSTINÊNCIA

é segurar nas mãos um gelo que se ama em um dia quente de verão.

SACO

meu saco de ilusões está cada vez mais vazio
e a leveza me traz uma velocidade enorme.
mais Quintana, mais Calvino.

MENTIRA

a mentira é uma verdade que não se cristalizou.

CINCO DEDOS

o mindinho estava com a cabeça a prêmio.

o anelar o salvou.

o médio é o preço que tantos pagariam para chegarem ao indicador.

o indicador agora aponta para o mindinho.

não há polegar que faça esta história legal.

MASSIFICAÇÃO

Nada mais massificado do que um homem de terno.

Nessa massa anônima e compacta, só os tolos veem a gravata.

CIPÓ

o dia em que morrer
saberei onde correr
para reencontrar
as pessoas que amo

será um dia claro
ensolarado
mas não quente

o vento soprará
e algumas folhas se agitarão
naquela harmonia cerrada

sentirei o sol queimar minha face
e meu sorriso se estampar
incontinenti

lembrarei como foi lindo viver.

PAIS

quantos filhos são necessários para que um homem se torne pai?

nenhum.

o que faz um pai não é o filho, mas o fruto.

UMA MEIA

o saci que habita minha casa
só pula com a perna esquerda
ele, porém, não sabe disso
é mais feliz assim

Quanto à carapuça,
é uma questão de tamanho
não de carapuça
não de cabeça
não de crença

de sentença.

ÉTER

os fantasmas de outubro
querem a alma de setembro.
suas etéreas mãos não
seguram o que olhos veem.
flores não são correntes.
nunca.

SOLIDÃO

a solidão é uma companhia ingrata.

PAZ

só posso encontrar a paz
se levá-la comigo

ÚNICA OPÇÃO

perdi minha infância por opressão
minha adolescência, por ódio
não haverá três pernas
nem esfinge

só a fase adulta pode me salvar

ESSENCIAL

viveria sem automóvel
sem telefone celular
sem tecnologia
sem caramelo de dois sabores
e até mesmo sem religião...
mas não viveria sem palavrão

nada mais orgânico
mais transcendente
que o ruído celestial de nossa essência

LUZIA

a luz de meus olhos, Luzia, brilha por sua graça.
meus olhos, Eustáquio, cintilam por sua bondade.
para quem conheceu as trevas, a luz é renovada esperança.

DO BOI

na dúvida, mastigue
mastigue
mastigue
pare
mastigue
observe os arredores
rumine

se necessário, coloque para fora
observe a massa amorfa
cheire-a
toque-a
sinta de que são feitas suas ideias

volte a mastigar
denteie
salive
mastigue
engula

em breve, tudo será apenas um monte.
de ideias, de passado, de moscas.

RECEITA

Sabem de que somos feitos
de nossos pensamentos clementes
de nossas virtudes
de nossos muitos defeitos clementes,
mas não nos entendem

de que adianta os ingredientes
se não se sabe misturá-los?
não há palmo de mão que nos meça.

CABELOS

Não importa que mato cresce,
se a terra não é fecunda.

LIDA

polvilhar cores
semear sons
lavrar a árida sintaxe

TRINCHEIRA

A leitura põe muitas palavras para dentro, mas só a guerra as coloca para fora.

ME RECUSO

me recuso a acreditar no quadro que pintam de mim
não sou tudo isso
não sou apenas isso

me recuso, por fim, a usar "recuso-me".
muitas vezes, só o oblíquo enxerga bem.

BRANCA

copo-de-leite
sonho de nuvem
açúcar de hálito
corpo de leite

o desejo do alvo
o alvo do desejo

ANDRÓGINA BANANA

a roupa a que chamamos casca é um vestido único de três zíperes que envolve a fálica fruta.

O JABUTI

— Por que corre, coelho?

— Porque o caminho é longo, jabuti. Você não corre?

— Não, apenas caminho.

— Mas assim você não chega, jabuti.

— O meu caminho, coelho, ainda não existe, eu o faço.

DOS RATOS

Os ratos são os primeiros a abandonar o navio.

Por isso, algumas histórias só por eles são contadas.

VOO

Quando esperarem que cantes, voa.
Quando esperarem que voes, salta.
Quando esperarem que saltes, desliza.
Quando esperarem que deslizes, voa e canta.
Enquanto esperarem, deixa que esperem,
Quando não mais esperarem, estarás longe.

FARDO

Se o fardo que carregas te cansa
empurra-o
arrasta-o
amaldiçoa-o
mas o manténs em movimento.
Inerte, ele te consumirá.

RELOJOEIRO

Ser um relojoeiro,
não para encaixar letras e palavras,
suiçamente,
mas para ouvir o tempo,
passageiro efêmero
da hora pedida,
perdida não mais.

COM DENTES

Um sorriso diz muito,
com dentes mais diz,
sem dentes, Mona Lisa,
desdiz.

VELHICE

A velhice é relativa
absoluto é o ponto-final.

GERAÇÃO

O espaço e o tempo sempre determinaram o modo de ser e de viver do homem.

De ambos, nasceu a velocidade, que, por sua vez, metamorfoseou o espaço em distância.

Do triângulo amoroso distância, tempo e velocidade, brotou o tráfego.

Do tráfego, também a poluição.

Da poluição, também a doença.

Da doença, também a morte (que já havia brotado diretamente do tráfego).

Da morte, brotaram o não-tempo e o não-espaço.

Sem tempo e sem espaço, nasceu a não-vida. E com ela o paradoxo.

DO OFÍCIO

O que faz um revisor de textos essencialmente confiável não é o quanto ele sabe de língua, tampouco o que ele entende dos mecanismos linguísticos ou de sua relação carnal com sintaxe e ortografia, mas como ele lida com a própria incapacidade de acertar sempre.

PRESENTE

No Natal, só o presente é relevante.

Não o embrulhado.

O agoramente.

GREGÁRIO

Nada mais gregário do que um palavrão solitário.

COMPREENSÃO

— Morrer é o de menos, o problema é não renascer no dia seguinte.

— Isso é espiritismo?

— Sempre achei que fosse metáfora.

ETERNIDADE

Quando descobrirmos
in loco
o real sentido da eternidade,
não haverá mais possibilidades.

PARA AMANHÃ

Quando não se sabe resolver, adia-se.

Quando não se pode adiar, inventa-se.

Quando não se pode inventar, marca-se uma reunião.

SENTIDO

— A vida não tem sentido.

— Talvez a sua vida não tenha sentido.

— Pra mim, não faz diferença.

— Lembre-se de que não ter sentido já é um sentido.

— Essa é uma construção retórica vazia.

— Isso é sua vida: uma construção retórica vazia.

A MORTE

Uma curva.

Com poucos passos, surge um urubu. Introspectivo, coça o peito com o bico. Não me vê.

Na sequência dos passos, surgem outros urubus. Conversam entre si, mudos.

Percebem minha presença, atraindo a atenção do primeiro e de outros que vão surgindo.

Nesse momento, há centenas deles. Todos me olham.

Sigo caminhando. Não paro.

Os primeiros passos de um deles desencadeiam o caminhar dos demais.

Líder, membro ou presa? A morte não é pródiga em certezas.

NAMORADOS

— Romeu, não há esperança para nós — disse a goiabada.

— Julieta, nossas vidas serão entrelaçadas para sempre na fria lâmina — respondeu o queijo.

— Romeu, adeus.

— Julieta, partamos juntos.

"Que drama para uma simples sobremesa", pensou o guardanapo que limpou a cena do crime.

SAUDOSA PELADA

Com Adoniran Barbosa

Se o senhor não tá lembrado
Dá licença de contar
De um tempo muito alegre
Que nós só ria de brincar

Os colete azul e amarelo
Era o estandarte
O eterno sonho no prelo

Foi assim, seu moço,
Que Osvaldo, Oreia, Múmia e Tadeu
Vidão, Sirley, Veiinho, Bill e eu
Rogério, Geo, Du, Willy, Magela e Kaká
E tantos outro que ap'recia por lá
Eternizemo nossa pelada

Mais um dia
Nóis nem pode se alembrar
Veio os vento do destino
E começaram a nos levar
Foi joelho, tornozelo, dedo e idade
Teve língua, dor, viagem e fatalidade
E dessas perda tão cruel
Só voltaremo a jogar, junto, no céu

Que tristeza nós sentia
Cada um que não mais ia
Duia o coração
O síndico quis gritar
Mas em cima eu falei:
Os ventos num pede licença
Segura esse rojão
Nós só se conformemos quando a Bola falou:
"Deus dá o frio conforme o cobertor"

E hoje nóis óia sem graça as grama do jardim
E prá esquecê nóis cantemos assim:
Saudosa pelada, pelada querida,
Que dim donde nóis passemos dias feliz de nossas vidas

CAPÍTULO VII – DELÍRIO

Com Brás Cubas

Que me conste, muitos já relataram os próprios delírios, cientes do que faziam ou não; sem originalidade alguma, faço-o eu também e tenho lá minhas dúvidas se alguém mo agradecerá. Se o leitor não é dado à contemplação de fenômenos mentais, pode saltar o capítulo. Mas, por menos curioso que seja, sempre lhe digo que é interessante saber o que se passou na minha cabeça durante uns vinte a trinta minutos. Primeiramente, tomei a figura de um bule andino e sentia um chá fervente correr por meu interior, alfinetando, a cada gota escaldante, meu corpo de barro.

Logo depois, senti-me transformado numa cimitarra, que, nas hábeis mãos de um sarraceno, partia mãos e crânios de cristãos que brigavam por uma cruz que carregavam ao peito, sem a menor ciência de que, em poucos minutos, descobririam a nulidade de jazer sob ela. Esse corpo de morte me deu a mais completa leveza e a sensação de que a tinta que sujou minhas mãos tantas vezes em vida não era comparável àquele fluido ígneo e escarlate para a composição de uma narrativa.

Ultimamente, restituído à forma humana, vi chegar um avestruz, que me arrebatou. Deixei-me ir, calado, não sei se por medo ou confiança; mas, dentro em pouco, a carreira de tal modo se tornou vertiginosa, que me atrevi a interrogá-lo e, com alguma arte, lhe disse que a viagem me parecia sem destino.

— Engana-se — replicou o animal — nós vamos à origem dos séculos. Aos seus.

Insinuei que deveria ser muitíssimo longe; mas o avestruz não me entendeu ou não me ouviu, se é que não fingiu uma dessas coisas. Pela minha parte, fechei os olhos e deixei-me ir à ventura. Já agora não se me dá de confessar que sentia umas tais ou quais cócegas de curiosidade, por saber onde ficava a origem dos séculos, se era tão misteriosa como a origem do Nilo, e sobretudo se valia alguma coisa mais ou menos do que a consumação dos mesmos séculos, tudo isso reflexões de um cérebro enfermo. Como ia de olhos fechados, não via o caminho; lembro-me só de que a sensação de frio aumentava com a jornada, e que chegou uma ocasião em que me pareceu entrar na região dos gelos eternos. Com efeito, abri os olhos e vi que o meu animal galopava numa planície árida, com um sol branco ao meio do céu, com uma ou outra árvore retorcida.

Tudo imóvel; só nós galopávamos. Tentei falar, mas apenas pude grunhir esta pergunta ansiosa:

— Onde estamos?

— Já passamos o Éden.

— Bem; paremos na arca de Noé.

— Mas se nós caminhamos para trás! — redarguiu motejando a minha cavalgadura.

Fiquei vexado e aturdido. A jornada entrou a parecer-me enfadonha e extravagante, o frio incômodo, a condução violenta, e o resultado impalpável. E depois – cogitações de enfermo – dado que chegássemos ao fim indicado, não era impossível que os séculos, irritados com lhes devassarem a origem, me esmagassem entre as unhas que deviam ser tão seculares como eles. Enquanto assim pensava, íamos devorando caminho, e a aquela gélida aridez voava debaixo dos nossos pés, até que o animal estacou, e pude olhar mais tranquilamente em torno de mim. Olhar somente; nada vi, além do imenso sem-fim, que desta vez invadira o próprio céu, até ali albamente amarelado. Talvez, a espaços, me aparecia uma ou outra árvore, sem tamanho, brutesca, meneando ao vento suas galhas aquilinas.

O silêncio daquela região era igual ao do sepulcro: dissera-se que a vida das coisas ficara estúpida diante do homem.

Caiu do ar? destacou-se da terra? não sei; o avestruz mantinha-se imóvel. Ao longe, trazido pelo vento, um uivo equino trouxe consigo um vulto montado. Corria compulsivamente e dançava o chicote de um lado para o outro em sua negra montaria, incentivando o animal pela mão e pelo cão. Não tardou a se juntar a nós.

— Barzabú — gritou o cavaleiro fazendo o cavalo arrefecer. Fez um gesto de saudação cordial com a mão e acariciou o pescoço do cavalo.

— É, primo, sua andância fozeou. É hora de conhecer o de-verdade.

O avestruz me olhou fazendo um gesto afirmativo com a cabeça.

— Vamo, primo, que as balas não pipocam de menos porque o fim da música parou a dansa.

Tocou o galope.

Meu avestruz tocou atrás.

— Olerê, baiana... — cantava ele.

Pouco à frente naquela imensidão do nada, surgiu novo vulto montado. Esse cavaleiro não corria, ao contrário, trotava galante e altivo. Olhar fixo no não-horizonte, em uma das mãos uma lança medieva e, na outro, um escudo esférico. O bigode e a lucidez da face iluminavam aquele fidalgo.

— Enfim, chegastes. Não era sem tempo.

Olhou curioso para minha montaria e não conteve o muxoxo ao imaginar aquele protótipo de cavaleiro em batalha. O cavalo relinchou, tal como uma risada dos tempos.

— Rocinante, não ria de estranhos na frente deles!

O cavalo, então, virou risonhamente o rosto.

— Seu cavalo fala? – indaguei.

— Apenas em bom castelhano – e o cavalo relinchou novamente.

Um sorriso escorreu pelos lábios do Fidalgo.

— Se acá estivesse Dulcinéia, certamente não esconderia seus alvos dentes diante dessa quixotesca montaria.

Ajeitou a armadura, sussurrou algo ao cavalo e nos disse:

— Partamos, pois a vida é uma donzela em perigo que nos pede socorro, e a morte é um socorro que nos pede em perigo uma donzela.

O primeiro cavaleiro soltou um grito e o tropel partiu na embolada. Ainda que estivéssemos em diferentes velocidades, seguíamos lado a lado, parelhos. As cantigas de Siruiz voavam pela boca do primeiro cavaleiro, enquanto histórias cavaleirescas grafavam os bigodes do segundo. Da minha parte, silêncio e solidão.

Seguindo a jornada, juntou-se a nós um terceiro cavaleiro. Montava um corcel branco como uma noite de paz, alto e imponente como até então eu jamais vira. A armadura reluzente, a capa vermelha dançando com o vento, a lança sestra em posição de batalha e uma tranquilidade insistente nos olhos e na face.

— Louvado seja Nosso Senhor Jesus Cristo! – Exclamou o primeiro cavaleiro.

— Para sempre seja louvado! – Respondeu o guerreiro.

O segundo cavaleiro retirou o capacete e saudou o companheiro recém-chegado com deferência.

Agora, seguíamos os quatro emparelhados. O sol descia em direção ao não-horizonte. Estupefato, não disse nada, mas, ao cabo de algum tempo, que foi breve, perguntei quem era e como se chamava: curiosidade de delírio.

— Ê, primo, está aluado? — Disse Riobaldo.

— Se não reconheces o chefe da Cavalaria, bem se vê que deliras — respondeu o Cavaleiro de La Mancha.

— Sou Jorge e você veste minhas roupas e minhas armas — disse o terceiro cavaleiro.

Ao ouvir esta última palavra, recuei um pouco, tomado de susto. Soltaram uma gargalhada, que produziu em torno de nós o efeito de um tufão; as plantas torceram-se e um longo gemido quebrou a mudez das coisas externas.

— Não te assustes, disse Jorge, o dragão está morto. Vives: não quero outro flagelo.

— Vivo? – Perguntei eu, enterrando as unhas nas mãos, como para certificar-me da existência.

— Sim, meu jovem, tu vives. Não receies perder esse andrajo que é teu orgulho; provarás ainda, por algumas horas, o pão da dor e o vinho da miséria. Vives: agora mesmo que ensandeceste, vives; e se a tua consciência reouver um instante de sagacidade, tu dirás que queres viver.

Em seguida, o Fidalgo estendeu o braço, segurou-me pelos cabelos e levantou-me ao ar, como se fora uma simples pluma. Só então, pude ver-lhe de perto o rosto, que me era tão familiar em caneta nanquim.

Mostrou-me um espelho que segurava na outra mão. Nada mais quieto; nenhuma contorção violenta, nenhuma expressão de ódio ou ferocidade; a feição única, geral, completa, era a da impassibilidade egoísta, a da eterna surdez, a da vontade imóvel. Raivas, se as tinha, ficavam encerradas no coração. Ao mesmo tempo, em meu rosto de expressão glacial, havia um ar de juventude, mescla de força e viço.

— Entendeste-me? – disse ele.

— Por que estamos aqui?

— Somos tua essência e, agora que sentes o cheiro do sepulcro, partiremos contigo. É o fim.

Quando esta palavra ecoou, como um trovão, naquele imenso vale, afigurou-se-me que era o último som que chegava a meus ouvidos; pareceu-me sentir a decomposição súbita de mim mesmo. Então, encarei-os com olhos súplices, e pedi mais alguns anos.

— Pobre minuto! – Exclamou Jorge. – Para que queres tu mais alguns instantes de vida? Para devorar e seres devorado depois? Não estás farto do espetáculo e da luta? Conheces de sobejo tudo o que eu te deparei menos torpe ou menos aflitivo: o alvor do dia, a melancolia da tarde, a quietação da noite, os aspectos da terra, o sono, enfim, o maior benefício das minhas mãos. Que mais queres tu, sublime idiota?

— Viver somente, não peço mais nada. Quem me pôs no coração este amor da vida, senão vocês? e, se eu amo a vida, por que precisam golpeá-la, matando-nos?

— Não importa ao tempo o minuto que passa, mas o minuto que vem. O minuto que vem é forte, jucundo, supõe trazer em si a eternidade, e traz a morte, e perece como o outro, mas o tempo subsiste. A onça mata o novilho porque o raciocínio da onça é que ela deve viver, e se o novilho é tenro tanto melhor: eis o estatuto universal. Sobe e olha.

Isso dizendo, Jorge arrebatou-me ao alto de uma montanha. Inclinei os olhos a uma das vertentes, e contemplei, durante um tempo largo, ao longe, através de um nevoeiro, uma coisa única.

Imagina tu, leitor, uma redução dos séculos, e um desfilar de todos eles, as raças todas, todas as paixões, o tumulto dos impérios, a guerra dos apetites e dos ódios, a destruição recíproca dos seres e das coisas. Tal era o espetáculo, acerbo e curioso espetáculo. A história do homem e da terra tinha assim uma intensidade que lhe não podiam dar nem a imaginação nem a ciência, porque a ciência é mais lenta e a imaginação mais vaga, enquanto o que eu ali via era a condensação viva de todos os tempos.

Para descrevê-la seria preciso fixar o relâmpago. Os séculos desfilavam num turbilhão, e, não obstante, porque os olhos do delírio são outros, eu via tudo o que passava diante de mim, — flagelos e delícias, — desde essa coisa que se chama glória até essa outra que se chama miséria, e via o amor multiplicando a miséria, e via a miséria agravando a debilidade. Aí vinham a cobiça que devora, a cólera que inflama, a inveja que baba, e a enxada e a pena, úmidas de suor, e a ambição, a fome, a vaidade, a melancolia, a riqueza, o amor, e todos agitavam o homem, como um chocalho, até destruí-lo, como um farrapo.

Eram as formas várias de um mal, que ora mordia a víscera, ora mordia o pensamento, e passeava eternamente as suas vestes de arlequim, em derredor da espécie humana. A dor cedia alguma vez, mas cedia à indiferença, que era um sono sem sonhos, ou ao prazer, que era uma dor bastarda. Então o homem, flagelado e rebelde, corria diante da fatalidade das coisas, atrás de uma figura nebulosa e esquiva, feita de retalhos, um retalho de impalpável, outro de improvável, outro de invisível, cosidos todos a ponto precário, com a agulha da imaginação; e essa figura, — nada menos que a quimera da felicidade, — ou lhe fugia perpetuamente, ou deixava-se apanhar pela fralda, e o homem a cingia ao peito, e então ela ria, como um escárnio, e sumia-se, como uma ilusão.

Vi minha família, vi minha origem, o ato ancestral símio que se transmutou em homem. Revi meus erros: todos os que eu conhecia e os inúmeros que nem imaginava; os acertos também se apresentaram, mas breves, discretos, diáfanos até.

Ao contemplar tanta calamidade, não pude reter um grito de angústia, que os Cavaleiros escutaram sem protestar nem rir; e não sei por que lei de transtorno cerebral, fui eu que me pus a rir, — de um riso descompassado e idiota.

— Tem razão, disse eu, a coisa é divertida e vale a pena, — talvez monótona — mas vale a pena. Quando Jó amaldiçoava o dia em que fora concebido, é porque lhe davam ganas de ver cá de cima o espetáculo. Vamos lá, não tardemos; a coisa é divertida, mas não tardemos.

A resposta foi compelir-me fortemente a olhar para baixo, e a ver os séculos que continuavam a passar, velozes e turbulentos, as gerações que se superpunham às gerações, umas tristes, como os Hebreus do cativeiro, outras alegres, como os devassos de Cômodo, e todas elas pontuais na sepultura. Quis fugir, mas uma força misteriosa me retinha os pés; então disse comigo: – "Bem, os séculos vão passando, chegará o meu, e passará também, até o último, que me dará a decifração da eternidade." E fixei os olhos, e continuei a ver as idades, que vinham chegando e passando, já então tranquilo e resoluto, não sei até se alegre. Talvez alegre. Cada século trazia a sua porção de sombra e de luz, de apatia e de combate, de verdade e de erro, e o seu cortejo de sistemas, de ideias novas, de novas ilusões; em cada um deles rebentavam as verduras de uma primavera, e amareleciam depois, para remoçar mais tarde. Ao passo que a vida tinha assim uma regularidade de calendário, faziam-se a história e a civilização, e o homem, nu e desarmado, armava-se e vestia-se, construía o tugúrio e o palácio, a rude aldeia e Tebas de cem portas, criava a ciência, que perscruta, e a arte que enleva, fazia-se orador, mecânico, filósofo, corria a face do globo, descia ao ventre da terra, subia à esfera das nuvens, colaborando assim na obra misteriosa, com que entretinha a necessidade da vida e a melancolia do desamparo.

Meu olhar, enfarado e distraído, viu enfim chegar o século presente, e atrás dele os futuros. Aquele vinha ágil, destro, vibrante, cheio de si, um pouco difuso, audaz, sabedor, mas ao cabo tão miserável como os primeiros, e assim passou e assim passaram os outros, com a mesma rapidez e igual monotonia. Redobrei de atenção; fitei a vista; ia enfim ver o último, o último! Mas então já a rapidez da marcha era tal, que escapava a toda a compreensão; ao pé dela o relâmpago seria um século. Talvez por isso entraram os objetos a trocarem-se; uns cresceram, outros minguaram, outros perderam-se no ambiente; um nevoeiro cobriu tudo…

Nesse momento, ainda havia palavra: as vozes de meus companheiros que conversavam entre si. Uma felicidade ansiosa tomou conta de mim e fez com que eu me apalpasse buscando papel e caneta.

— Aquieta, primo. As palavras não já fazem mais carreiras. Estão só. Pingado de ideia.

— É o devir — disse o Fidalgo.

— É hora de trocar de montaria — e Jorge me tocou o braço.

— E o capítulo VIII? — disse eu.

A FLOR ENCANTADORA DOS MENDES

Com João do Rio

Os Mendes amam as flores. Esse sentimento de natureza toda íntima não vos seria revelado por mim se não julgasse, e razões não tivesse para julgar, que este amor assim absoluto e assim exagerado é partilhado por todos vós. Nós somos irmãos, nós nos sentimos parecidos e iguais; nas cidades, nas aldeias, nos povoados, não porque soframos, com a dor e os desprazeres, a desmedida e a culpa, mas porque nos une, nivela e agremia o amor pelas flores. É esse mesmo o sentimento imperturbável e indissolúvel, o único que, como a própria vida, resiste às idades e às épocas. Tudo se transforma, tudo varia — o amor, o ódio, o egoísmo. Hoje é mais amargo o riso, mais dolorosa a ironia. Os séculos passam, deslizam, levando as coisas fúteis e os acontecimentos notáveis. Só persiste e fica, legado das gerações cada vez maior, o amor pelas flores.

HODIERNO

Para "O corvo"

Minha maldição foi ter nascido palhaço. Acaso fosse um domador de feras, o homem-bala, um triste elefante encantado por amendoins, ou mesmo um chimpanzé, acorrentado à imagem e semelhança de um escravo, não produziria estas letras. Não. Meu fardo é rolar, dia após dia, essa imensa rocha de lembranças rumo ao topo da ilusão.

Meu acerto foi, nesse palco etéreo, me apaixonar pela bailarina. Leve, flexível, sombrinha dos tempos em mãos e sorriso da paz em seus lábios. Não havia música na qual os pés curtos e precisos não modelassem uma coreografia almiscarada, lúdica, cativante. Ela me mostrou doçura para que eu aprendesse a lidar com a dureza, ouviu meus vícios e, serena, sorriu para que eu aprendesse a lidar com as lágrimas.

Não se sabe a exata medida de seu nome, ainda que seja a razão entre o que circula e o que corta.

Não se têm referências, nem ajudarão a primeira e terceira pessoas de qualquer tempo.

Não se proclama mais o delicado chuvisco de seu nome.

Não serão formas afetivas tampouco diminutas que reduzirão a lembrança de sua semeante alegria.

Eu bem me lembro disso...

A bailarina está morta. Não me importa que ela não dance mais diante de meus olhos, que não deslize, sombrinha em mãos, pelo picadeiro úmido de uma noite chuvosa, que retribua meu desejo com seus olhos infinitos. Eu a tenho comigo.

Eu falo com os mortos, eu invado sonhos, eu corro pelas sombras com as bestas, eu entendo a língua do silêncio, da distância e do tempo. Nenhum negro corvo voará em minha noite escura, nenhuma ave será o arauto de minha impossibilidade eterna, nenhum bico adunco ressoará “Nunca mais” em meu quarto nem rasgará meus umbrais. O grasnar demoníaco de seus olhos vazados e de seu voo nefasto não será o archote de meu devaneio. Não, não há criatura que crocite o amanhã. Eu sou o hoje.

DEMONSTRATIVOS

Para alguns néscios, a língua portuguesa é apenas "aquilo" que nós, brasileiros, utilizamos para nos expressar. Os mesmos (néscios) ainda consideram o estudo da língua como algo menor, como uma "falta de opção" daqueles que se propõem a fazê-lo. Pois bem, esses idiotas me irritam! Não só pela total ausência de conhecimento sobre o que são as Letras, como também pela arrogante valorização de conteúdos próprios. Não se lembram que a expressão de suas ideias se dará pela língua portuguesa.

Grande parte dos profissionais da área de Letras é vista como gramáticas e dicionários ambulantes, uma espécie de programa de computador de última geração que, ao ser questionado, dará uma resposta precisa e definitiva em poucos segundos (as Letras como Ciências Exatas). Como "expoentes de alta tecnologia", deveriam oferecer respostas a baixos preços ou até mesmo de forma gratuita. Novamente a obtusidade: inovação tecnológica dá muito trabalho e não costuma ser barata, além de requerer profissionais qualificados.

Quem, da área de Letras, nunca foi indagado: é xuxu ou chuchu? com "x" ou "ch"? A maneira correta é cadê ou quede? O que quer dizer capadócio? E comborço? Diante de tantas dúvidas, pensei que poderia dar minha colaboração, fazendo uma breve demonstração, passível do cotidiano, da utilização dos pronomes demonstrativos este e esse.

Começo pelas personagens: uma mulher, seu amante e o marido "coroado". A cena é a seguinte: o marido (lembre-se: o "coroado" é sempre o último a saber!) chega em casa e a mulher está se despedindo do amante. Comecemos de maneira evidente. Se o marido chegou em casa, viu a mulher se despedindo de outro homem e esse já está longe, indagará:

— Quem é aquele homem?

Simples, não? Sem dúvidas. Agora, se o homem chega em casa e vê a mulher se despedindo de outro homem, mas se esse ainda está na cena, indagará:

— Quem é esse homem?

Note, leitor, que essa situação deu origem a um triângulo. Para quem gosta de esquemas visualizadores, monta-se assim: um triângulo equilátero que em cada ponta tenha uma das figuras envolvidas. Se um dos vértices se deslocar (correr) bruscamente, todo o conjunto se move.

Na terceira possibilidade, o homem chega em casa, vê a mulher se despedindo de outro homem, aproxima-se do despedido, segura-o pela camisa com a mão destra e apregoa-lhe um tapa na cara com a mão sestra, indagando:

— Quem é este homem?

Nessa conjuntura, leitor, a situação dá origem a uma figura geométrica denominada "barraco". O barraco se caracteriza por formas variáveis, cabíveis de expansão e retração, que são regidas por regras próprias e possuem alta instabilidade. Só se tornam estáveis quando os vértices (que podem ser em número de três ou mais) se reduzem a dois ou a um.

Perceba, leitor, quantos conhecimentos simultâneos podemos extrair desse fato. A ação foi a visão do outro, e a reação foi o tapa na cara. O marido poderia ter socado o outro, mas optou por um tapa. Sabe, com certeza, que todo tapa (como já dizia Nelson Rodrigues) é o mais transcendente de todos os atos humanos. Um soco se perde no hematoma; um tapa se perde no velório.

Além disso, utilizou-se da máxima: "Bater primeiro e perguntar depois". Perceba o espaço para o diálogo, tão próprio da democracia. Veja que o "coroado" é politicamente correto, pois não disse nenhuma palavra chula ou se referiu à mulher com adjetivos zoológicos. Também é a favor do não-armamento dos civis, tendo evitado alguns disparos no meliante.

Enfim, a colocação pronominal pode também ser aula de comportamento e cultura.

O GATO SEM SOMBRA

No muro de uma velha casa, uma gata branca solfeja numa noite enluarada. Sozinha, dá dó. Só dó. Nenhuma nota outra. De olhos fixos na lua, entoa sua triste canção e busca outra nota, que, por si mesma, nem sabe que existe.

Subitamente, tem sua atenção tomada por um vulto negro que se aproxima. Reconhece ela, silencioso e sorrateiro, um semelhante que, de tão espectral, parece flutuar pelo jardim. O gato negro acomoda-se ao lado dela e ouve a interrupção da melodia. A gata não quer mais dó.

O gato negro emite um sol, que espanta os ouvidos incautos da gata. Depois emite outra nota, mais uma, outra mais e mais outra. A gata está assustada. O gato diz:

— Que belas imagens compõe a lua.

A gata volta seus olhos para o chão. Seus pelos se eriçam, seu corpo se contorce e sua boca se resseca. O apavoramento é crescente: quer gritar, mas não há notas. Do alto do muro, a gata vê seu reflexo solitário no chão. Não há sombra de seu companheiro das trevas.

O negro gato estica a pata para tocar a gata, que tenta se afastar aterrorizada e se desequilibra do muro. a socorre com o rabo, num movimento de chicote, e a recoloca no muro.

— O que assusta você não é sombra que você não vê, mas a sombra que acredita ser sua.

A gata vira-se para o chão e percebe a própria sombra, disforme e monstruosa, movimentando-se livremente. Um miado de horror rasga a noite.

— A sombra nunca mente — sussurrou o gato antes desaparecer na escuridão.

A BANDA

— Bota a Banda! — disse o Maestro.

— Eu já disse que não quero a Banda. — retrucou o Sapateiro.

— Cesarinho, ouça seu pai e deixe a Banda tocar. — disse o Padre Dulinho.

— Eu também acho, Cesarinho. Durante tantos anos você participou da Banda, ajudou a construir a identidade que ela possui, é devoto de Nossa Senhora das Dores e pessoa tão amada na cidade. Nada mais justo do que a Banda tocar. – ponderou o Ninico, limpando as narinas em seguida.

— Deixem o menino fazer o que ele quiser – interpelou Tio Lulu. – Vocês se intrometem de mais nos assuntos dos outros. Não amolem!

— Calma, Lulu, nós só estamos conversando. Não precisa estourar e aqui nem é o lugar para isso – apaziguou o Dinho Totonho.

— Qual é sua opinião, Padrinho Aluísio? — indagou Dr. Levi.

— É... — respondeu ele.

— Eu já entendi, gente. Mas não me acho merecedor da Banda, não quero dar trabalho para ninguém, quero apenas aquilo que escrevi. Só isso.

— Mas, Cesarinho, a Banda é a nossa alma. É alma de nosso povo. A música é o que corre em nossas veias, fantasiada de sangue, a mesma que adorna o altar da Matriz em tantos pontos diferentes. Nós passamos, mas nossa música fica. Permanece nas ladeiras que tantas vezes percorremos, em Fé, nas Semanas Santas, nas tristes tardes fúnebres, nos calorosos dias de festa. — refletiu o Cônego Belchior.

— Cesarinho, aquelas pessoas não estão lá para ouvir a Banda, mas todas elas gostariam e, não tenho medo de dizer, que todas, sem exceção, acham que ela deveria tocar. É uma homenagem para você e para todos nós que aqui nos reunimos. — disse o Maestro.

— Eu agradeço a atenção e o carinho de todos, mas não posso voltar atrás. Vejo e sinto o amor de todos que lá estão, uns que vieram de longe, outros daqui mesmo, tanta gente boa, tanta amizade... A Aurélia, a Rita, o Marco, o Pedro, o Zicó, a Zoca, o Zezé, a Santinha, a Mariazinha, o Lauro, o Belchior, os meus sobrinhos (os cabrinhas), as minhas sobrinhas, o pessoal da Banda, tantos amigos e amigas... Fico feliz por este momento ser assim...

— Então tá decidido: bota a Banda para tocar. Faça contato com o Marquinho e fale que ficou tudo certo, tudo acertado, sem restrições, sem mágoas. A Banda vai tocar.

O Maestro abraçou o filho e sorriu. Outros chegaram e se confraternizaram, naquele momento único, para, juntos, ouvirem o primeiro acorde.

— Saudades do Dinho Totonho[1]...

---

1 Título de uma marcha fúnebre composta pelo Maestro Cesário Mendes de Cerqueira, regente a Corporação Musical Nossa Senhora das Dores de Itapecerica (MG) entre as décadas de 1920 e 1980.

O PACTÁRIO

Para Edgar Alan Poe

— Só a senhora pode me ajudar. Meu namorado me deixou e eu quero ele de volta.

— Não se preocupe, minha filha. Madame Adelaide resolverá seus problemas com as forças do céu.

— Eu quero ele de volta o mais rápido possível. Não importa o preço!

A vidente sorriu ao ouvir o tilintar profético do futuro. Não era a primeira vez que aquela mulher comparecia ao consultório de Madame Adelaide, mas, até então, apenas pequenas minúcias de uma alma tola e perdida. Dessa vez, a cliente, emocionalmente alterada, mostrava uma energia única, decidida, como se a própria existência dependesse do sucesso daquele trabalho.

— Não me diga nada ainda. Deixe que me concentre e invoque as forças celestiais.

A cliente não se continha e gesticulava energicamente, batendo as costas de uma mão na palma da outra:

— Esse homem é meu. Eu quero ele comendo na minha mão.

— Silêncio, minha filha. Nesse momento de contato, é preciso concentração para ouvir os anjos. Em breve, você terá esse homem de volta.

Enquanto fechava os olhos e esticava as mãos sobre a mesa, a vidente ganhava tempo. Algum tempo depois, a mesa se mexeu bruscamente, resultado de um pontapé dado pela própria vidente, mas não percebido pela cliente.

— É um sinal. Eles estão chegando. Eu sinto a presença de forças celestiais nessa sala.

A cliente apertava as mãos, mordia os lábios e imaginava o amado batendo à porta de sua casa, dizendo palavras doces e, humildemente, pedindo a ela que o aceitasse de volta. Em seu delírio, um breve sorriso nasceu em seus lábios.

— Eu sinto a presença de…

Nesse momento, a parca luz se apagou e a vidente se calou.

— O que é isso? — perguntou a cliente.

— Sua consulta vai começar, minha filha — disse uma voz que, pela direção, saía da boca da vidente, mas em nada se parecia com a dela.

— E a luz? Por que apagou?

— Algum problema com a luz?

— Está muito escuro. Não consigo ver a senhora.

— Achei que você reconhecesse as trevas em que você mora — disse a vidente rindo.

— Que isso? O que a senhora está falando?

A vidente seguiu rindo diabolicamente.

— Acenda a luz agora ou eu vou embora! E não vou pagar nada!

— Para quem não conhece a luz, você até que a cobra de mais.

A luz se acendeu, mas fracamente. A cliente encarou a vidente e percebeu que a mulher estava de olhos fechados, com as mãos espalmadas sobre a mesa, movimentando freneticamente os lábios.

— Eu não vim aqui pra essa bobajada! Eu quero que faça o que pedi e só. — E bateu as costas de uma mão na palma da outra.

— Você é uma tola mesmo.

— Eu…

— Fique assentada, sua desprezível, e cale essa boca fétida. Agora quem fala sou eu.

A luz se tornou mais forte explicitando o corpo hercúleo da vidente, em nada parecido com aquele aspecto franzino que a recebera. Um misto de horror e espanto se apossou da cliente, que sentiu as pernas vacilarem.

— Você é uma mulher fútil. Não percebe que essa mulher é uma charlatã? Que não tem nenhum contato com os céus nem com os infernos, que inventa histórias ao gosto da clientela e que apenas toma o dinheiro dos desesperados que a procuram?

A cliente estava perplexa. Todas aquelas palavras saíam da boca de Madame Adelaide, mas a voz não era a dela tampouco aquelas frases poderiam ser.

— Agora você vai ouvir um pouco do futuro, mas verá principalmente o passado.

— E o meu namorado?

— Não seja tola. O pactário nunca foi seu.

— Pactário?

— Sim. Ou você acha que sua brincadeira de bruxa é verdade? Você não devia tentar dar as cartas com um desconhecido só por se achar a dona do baralho. Ele sabe quem você é, mas você não sabe quem ele é realmente. Ele é um pactário.

— Não! — Gritou alucinadamente a cliente.

— Você se esconde nesse véu de pureza, mas tem a alma corrompida pela maldade. Você não engana ninguém com suas histórias tristes, com seus fingimentos de dor e de solidão, com seus presentes e agrados interesseiros e interessados. Seu hálito podre e suas mãos aduncas só desejam o mal, que, para você, se transubstancia em bem, num falso bem que você insiste em propalar.

A cliente se levantou e correu para a porta, que estava fechada. Ensandecida, aos gritos:

— Eu quero sair! Abra! Abra!

– Grite, víbora! Grite à vontade, que a língua das serpentes só é ouvida pelas orlas infernais. Socorro virá embalado por choro e ranger de dentes e você estará ao lado de seus iguais.

A cliente gritava, aos prantos, pedindo a Deus que a tirasse dali.

– Não, Deus não virá. Agora somos só nós dois.

A mulher socava e chutava a porta, aos berros, naquela aflição que antecede a morte.

A vidente se calou, e o cansaço fez a cliente ir ao chão em prantos. A luz retornou à intensidade inicial, e a pobre mulher, caída ao chão, balbuciou trêmula:

— Madame Adelaide, estou passando mal. Abra a porta por favor. Sinto uma dor no peito.

— Não repita o nome dessa charlatã desqualificada – urrou uma voz masculina vinda dos lábios da vidente. — Não finja para mim, pois suas encenações teatrais são fracas e repetidas.

A cliente, desesperada, insistiu em forçar a porta e acabou ferindo as mãos.

— Que belo sangue escorre de suas mãos. Vamos, leve-o à boca! Experimente o gosto de sua essência e descubra quem você é.

Choro e histeria.

— Você não devia ter essa cara de pavor diante de sangue, uma vez que ele é matéria-prima de seus esmaltes. Ah, você não gosta do seu sangue? O dos outros é muito melhor, não? Você se deleita em ferir e matar e se sente atacada quando sente o ígneo calor do seu interior escorrer pelas mãos? Não, verme, esse sangue maculado que sente fluir por seu corpo é a seiva vil que você carrega e que passará aos seus descendentes. Não chore! Levante-se! Você não morrerá hoje.

A cliente, em horror, tentava se levantar e levava as mãos ao peito, em um claro movimento de quem não respira. Em um estado crescente de pavor, desmaiou embalada pela gargalhada infernal da vidente.

Ao despertar, estava caída ao chão, com a maquiagem borrada pelas lágrimas e com o corpo todo doendo, tal como se uma surra tivesse lhe cantado no lombo. Não havia marcas de violência, não houvera violência: apenas a contração aflita dos músculos e o medo que tensiona a alma.

A vidente seguia sentada na cadeira, olhos cerrados, agora muda e com o diminuto aspecto físico inicial.

A cliente se levantou e, com soluços engasgados, buscou a porta, que não ofereceu resistência para ser aberta. Quando se projetava para fora, ouviu a voz bestial:

— Não há Pilatos que lave suas mãos.

AS PALAVRAS INVISÍVEIS

Para Italo Calvino

— Seja bem-vindo, Veneziano! Encontraste a mulher de meu sonho?

Marco Polo, depois de centenas de dias viajando pelo império do Grande Kublai, retornava da missão de encontrar uma mulher sonhada e descrita pelo imperador. O veneziano, ao entrar na sala imperial, fez a saudação ao soberano e caminhou em direção a ele. Sua face não demonstrava sucesso ou fracasso, o que fez Kublai Khan interromper os passos de Marco apontando-lhe o dedo indicador.

...

Mais de cem dias atrás, Marco Polo fora chamado à presença do Kublai. Frente a frente, a indagação:

— O que é um sonho?

Alguns instantes para pensar e a resposta:

— É uma realidade etérea.

O Khan o olhou fixamente:

— Na última noite, uma mulher visitou meus sonhos. Ela chegava caminhando, trazendo às mãos as rédeas de um cavalo branco. Suas feições eram limpas, sua pele clara como as mulheres do poente, os cabelos louros como o sol e seu andar felino. Aproximava-se de mim, dançava seus lábios em palavras inaudíveis e oferecia-me o cavalo.

Marco ouvia o relato atentamente.

— Ao fim de um galope, surgia uma árvore frondosa, de pequenas folhas, mas de grande altura e sombra. Descendo do cavalo, que arfava de cansaço, aproximei-me do tronco e encontrei uma outra mulher, mas que era a mesma. Sua pele estava como a das mulheres do levante, com cabelos pretos à altura dos ombros, um nariz delicado e orelhas e colo adornados com belas pedras verdes.

Nunca havia visto uma mulher com cabelos curtos e devo admitir que isso me causou grande estranheza. Ela se aproximou de mim e me presenteou com um espelho pequeno, como esses que minhas esposas seguram enquanto as amas penteiam seus longos cabelos. Novamente, uma sensação de estranheza tomou conta de mim, não por ver minha face refletida, mas por segurar o espelho. Não me lembro de ter segurado outro antes.

A mulher contornou a árvore com seu passo felino, ocultando-se pelo tronco. Seguindo seus passos, encontrei apenas um corcel, negro como a noite. O cavalo não parecia o mesmo, era maior e mais forte, com grandes narinas e parecia impaciente. Montando, parti em direção incerta.

Sentia o nascer do sol e observava o pôr, ritmados pelo trote do cavalo, que não corria, mas imprimia incrível velocidade. Aos poucos percebi que o sol estava parado, era eu que trilhava caminhos circulares, voltando sempre ao início, ao fim. Em um desses momentos, quando o fim toca o começo, uma mulher linda apareceu e sorriu. Meus olhos brincaram comigo, fazendo com que eu visse ora a mulher do levante, ora a mulher do poente, não raras vezes avistasse as duas juntas, com cabelos negros e louros, longos e curtos, na constituição de uma só mulher. Seus lábios bailavam, mas meus ouvidos estavam cegos àquela dança. Esticou os braços e desenrolou um pergaminho, que rapidamente tentei ler. Estava em branco.

Kublai se calou. Caminhou pela sala e sentou em seu trono.

— Tenho milhares de cavalos e poderia ter todos do império se quisesse. Tenho centenas de espelhos, de todos os tamanhos, de todos os formatos, e poderia mesmo controlar toda a produção deles. Tenho uma vasta biblioteca, com pergaminhos de todas as línguas conhecidas, e grande quantidade deles em branco, a serem preenchidos.

Fechando os olhos, colocou os lábios no tubo de âmbar do cachimbo e aspirou calmamente. Na sequência:

— Mas não tenho essa mulher, não sei quem ela é nem onde mora. Ela está nos meus olhos e não posso pegá-la, está em minha mente e nem mesmo sei o seu nome. Invadiu minha fortaleza, interrompeu meu sono, trouxe-me a dúvida... Que exército vencerá um inimigo invisível?

Após nova aspiração, disse:

— Ponha-te em viagem, explora todas as costas e procura essa mulher.

...

Kublai Khan virou-se de costas e se pôs a pensar naquilo que, em segundos, findaria sua ansiedade de centenas de luas.

— Veneziano, trazes novidades?

— Sim, meu senhor.

— Encontraste a árvore frondosa?

— Sim, meu senhor.

— Viste belas mulheres?

— Sim, meu senhor. Teu reino é pródigo em beleza.

— Então, encontraste a mulher de meu sonho?

— Grande Khan, a mulher não foi encontrada, mas teu sonho sim. Aqui está ele.

Marco Polo retirou da roupa um pergaminho e o entregou ao Khan. Segurando-o, hesitou em abri-lo por alguns instantes. Desenrolando-o, descobriu-o em branco.

— Agora podes guerrear. Teu inimigo é visível.

Kublai Khan sorriu, descobrindo a mulher pelas linhas em branco do pergaminho.

SUMÁRIO

editoraletramento
editoraletramento.com.br
editoraletramento
company/grupoeditorialletramento
grupoletramento
contato@editoraletramento.com.br

editoracasadodireito.com
casadodireitoed
casadodireito